新雅‧成長館

U0064118

當個好孩子，我做得到！

兒童快樂成長40課

文賢植 著　　漢承武 繪　　何莉莉 譯

新雅文化事業有限公司
www.sunya.com.hk

目錄

1 學校篇

2 個人篇

3 朋友篇

4 家庭篇

5 社區篇

快樂上學

學校是你與同學們一起學習的地方。怎樣做才可以每天早上都輕鬆愉快地上學去呢？

5 欣賞沿途的風景，跟花兒打招呼。

真漂亮！

檢查手冊和時間表，準備好明天上課時需要用的物品。

1 每晚睡覺前，你要預先收拾好書包。

我去上學啦。

2 早睡早起，才有精神上課。

4 出門口前，跟爸爸媽媽說再見。

3 早上起來，吃一份豐富的早餐。

4

6 跟同學們友善地打招呼。

你可以數一數在路上遇見了多少位同學呢。

老師，早安！

8 到達學校了！

怎麼樣？你能感受到上學的樂趣了嗎？

7 與同學一邊往學校走，一邊分享昨天發生的趣事。

學校什麼時候開始上課？

香港的全日制小學一般在早上 8 時至 8 時半開始上課，你最好提早 10 分鐘到達學校，以免遲到。然後老師會帶領你和同學們前往課室，開始上課。

認真上課

上課時，我們學習各種知識，以應付生活中碰到的問題。你知道有哪些方法能讓你好好學習嗎？

要保持書桌整潔，並整齊地擺放文具。

遇上不明白的地方，要舉手向老師發問。

專心聆聽老師的講解。

不要擔心出錯，大膽地表達自己的意見。

當其他同學回答問題的時候，要認真聆聽。

與老師有眼神交流，會更容易集中精神。

小息到了

　　課堂與課堂之間有小息時間，這時我們可以透過各種活動來放鬆一下。

在課室裏玩一些小遊戲。

上洗手間，放鬆一下心情。

喝水或牛奶等飲品，為身體補充水分。

跟同學們談論有趣的話題。

準備好下一節課要用的書。

這也是老師的休息時間呢。

享受午飯時間

在午飯時間，我們可以享用美味的食物，補充體力。吃飯的時候，有什麼地方需要注意的呢？

1 吃飯前一定要先洗手。

至少要揉搓雙手 20 秒啊。

2 排隊等候領取午飯。

3 午餐會用餐車或餐箱送到課室。

4 為了響應環保，我們可以自備餐具。

如不習慣使用筷子，也可以使用匙子和叉子。

5 把午餐帶回自己的座位上。

6 用餐前先感謝給予我們食物的人。

7 飲食要均衡，也不可浪費食物。

8 但是如果身體不適，就不要勉強自己進食。

老師，我肚子好痛。

9 吃完飯菜，我們還可以吃有益健康的水果。

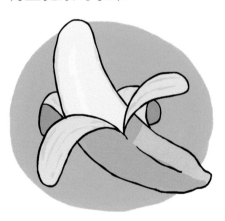

10 吃飯後，要把座位清潔乾淨。

嘩，今天的午餐真美味啊！

吃飯的時候，如果我不小心把餐具掉到地上，應該怎麼做呢？

你先不要慌張，掉到地上的餐具不可以繼續使用了，你可以跟老師說，請他們讓你重新拿乾淨的餐具來使用。

多姿多彩的學校活動

課堂以外，學校還會舉行各式各樣的活動，幫助我們學習。一起享受有趣的校園生活吧！

秋季活動 9 10 11

開學禮

踏入新學年，我又升高一級了。

運動會 大家一起進行運動競賽。

冬季活動 12, 1, 2月

學校音樂節

與同學一起參加歌唱比賽。

聖誕及新年假期

上半學年結束了！

小朋友，你最喜歡學校舉辦的哪項活動？請說說看。

？ 學校有什麼假期呢？

學校有聖誕節、農曆新年、復活節、暑假等假期，你可以善用假期的時間，做一些自己喜歡的事情，或是跟家人到外地旅遊，好好休息和玩樂一番，然後精神飽滿地回到校園學習。

春季活動　3,4,5月

閱讀日
通過各種活動來享受閱讀的樂趣。

科學活動
進行與科學有關的繪畫、設計或創意發明等活動。

校外參觀
走出課室,進行戶外學習。

家長觀課
讓父母看看我們平日學習的情況。

夏季活動　6,7,8月

畢業禮
六年級的師兄師姐畢業了。

暑假到了
終於來到學年的最後一天啦!

度過充實的假期

學期結束，假期開始，我們不用每天上學了。
怎樣做才能度過一個充實的假期呢？

和家人一起去旅行，增廣見聞。

盡情閱讀喜歡的圖書，增進知識。

堅持運動，鍛煉身體。

探訪親友，與他們分享美食。

參加喜歡的興趣班，如：歌唱班。

你還可以好好想一想，
長大後想做什麼？

自信地介紹自己

向新同學介紹自己的時候，怎樣才能給他們留下好印象呢？一起來看看以下的方法吧！

要和大家有眼神交流

如果你感到害羞，就看着課室後方的壁報板來説吧。

臉上保持親切的笑容

聲音要響亮

挺直腰背

雙手自然地交疊在身前

雙腳微微向外張開

腳趾微微用力站穩，會顯得更自信

演講的時候，也可以用這個姿勢。

自我介紹的時候，我應該說些什麼呢？
姓名、暱稱、喜愛的顏色或食物、想養什麼寵物、擅長的運動、愛讀的書、夢想……從中選擇幾項，簡單介紹一下就可以了。

了解我的身體

我們的身體是由各個部分組成的,一起來了解奇妙的身體吧!

想像身體部位的心情

腳掌啊,你經常被塞進襪子裏,一定很鬱悶吧?

屁股啊,你整天坐在椅子上,一定很累吧?

仔細觀察

手掌上有許多掌紋。

手和腳上都有些毛髮。

活動身體

身體可以蜷曲起來……

也可以伸展。

細微的動作

只動腳小趾原來很困難呢。

試試張開鼻孔,很有趣吧!

14

摸一摸身體各部位

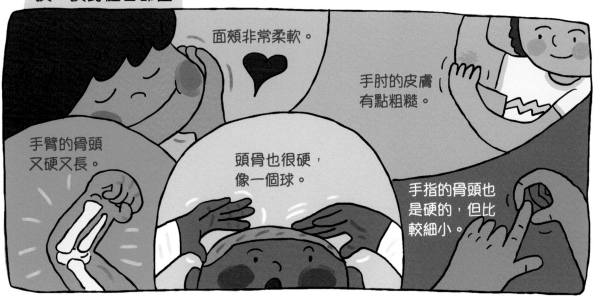

面頰非常柔軟。

手肘的皮膚有點粗糙。

手臂的骨頭又硬又長。

頭骨也很硬，像一個球。

手指的骨頭也是硬的，但比較細小。

感受身體內部

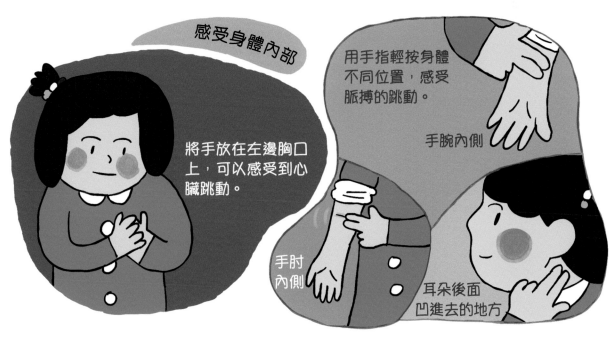

將手放在左邊胸口上，可以感受到心臟跳動。

用手指輕按身體不同位置，感受脈搏的跳動。

手腕內側

手肘內側

耳朵後面凹進去的地方

怎麼我好像感覺不到心臟的跳動？

你可以先跳繩一會兒，運動後心跳會加快，這時將手按在左胸前，就能清楚感受到心臟撲通撲通地跳動了。

強健體魄和心靈

身體和心靈健康同樣重要。在日常生活中，我們應該怎樣做才能保持健康呢？

保持清潔

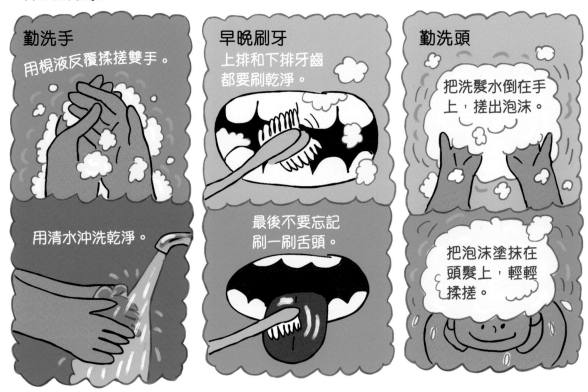

勤洗手
用梘液反覆揉搓雙手。

用清水沖洗乾淨。

早晚刷牙
上排和下排牙齒都要刷乾淨。

最後不要忘記刷一刷舌頭。

勤洗頭
把洗髮水倒在手上，搓出泡沫。

把泡沫塗抹在頭髮上，輕輕揉搓。

保持身體健康

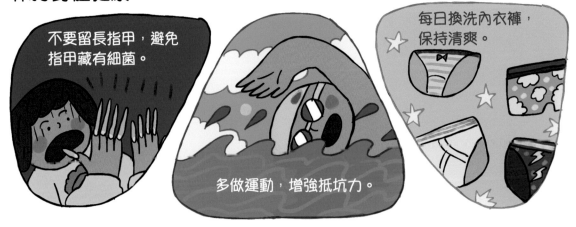

不要留長指甲，避免指甲藏有細菌。

多做運動，增強抵坑力。

每日換洗內衣褲，保持清爽。

保持心靈健康

不要小看自己，懷抱自信。

對生活上的小事感恩。

天氣真好啊！

多讀讓人心情愉悅的圖書。

早睡早起

到了該睡覺的時間……

就要遠離電視和電子產品……

閉上眼睛，不要再想事情。

好好睡一覺吧！

我每天都要洗頭髮嗎？

如果你的頭髮較易出油、出汗較多或容易被弄髒，就應該每天洗頭，以保持頭髮和頭皮清潔；如果髮質較乾燥，可以相隔一天才清洗。

努力實現夢想

想像一下，長大之後的你會是怎樣的呢？做什麼才會感到幸福呢？怎樣做才能實現夢想？

每天寫日記，回顧當天發生的事情。　　閱讀成功實現夢想的名人故事。

閱讀與你的夢想有關的圖書。

與有共同夢想的朋友一起努力。

與鄰座同學友好相處

在課室裏，通常會有另一位同學坐在你的旁邊。
怎樣做才能與鄰座同學友好相處呢？

認真聆聽鄰座同學的說話

上課時不要打擾鄰座同學

要得到鄰座同學同意才能借用東西

嘗試發掘鄰座同學的優點

認真完成小組活動

小組活動是訓練團隊合作精神的好機會，與組員合作的時候需要注意什麼呢？

盡力做好自己負責的部分。

多鼓勵和幫助組員。

有什麼需要就告訴我吧，我會幫你的。

這朵花就交給我吧。

這次就由你來發言吧。

即使有很想做的部分，也要學會禮讓。

不，還是大家一起決定由誰來發言吧。

遇上不同意見的時候，尋找適當的解決方法。

如果小組裏有同學不積極參與小組活動，我該怎麼辦？

你可以和其他組員一起先了解那位同學是不是遇上困難，例如是否不擅長做自己負責的那部分，再想辦法一起協助他。如果那位同學的態度十分不合作，你可以告訴老師，由老師處理。

成為別人的好朋友

與別人成為好朋友並沒有想像中困難，只要學會
彼此欣賞、互相關懷，就不怕交不到朋友呢！

一起做有意義的事

那位婆婆看起來很累呢。

我們一起去幫她吧。

婆婆，我們幫你拿吧。

謝謝，你們真是好孩子啊。

這是我為你親手做的生日禮物。

嘩，是木造飛機，好厲害啊！

你要好好保存它啊。

一定會的，謝謝你。

如果有朋友想中途加入一起玩遊戲，我該怎樣回應？

當遊戲玩到一半的時候，如果有其他朋友走過來說：「我也想一起玩。」這時你可以說：「好啊，我們一起玩吧！」或者說：「好啊，等這一輪遊戲結束後，下一輪我們一起玩吧。」如果直接說不行，會讓朋友十分傷心的。

尊重與我性格不同的朋友

朋友們的性格、愛好各不相同，就像花園裏有各種不同的花朵。你知道怎樣與自己性格不一樣的朋友愉快地相處嗎？

不要以貌取人

智賢雖然個子矮小，但是籃球打得很好。

曉穎很擅長拉小提琴。

俊軒對人很親切。

敏琪踢球比男生還要厲害。

欣賞朋友的獨特之處

美欣能畫出漂亮的圖畫。

希晴最喜歡跳舞。

朗天看很多書呢。

偉傑會說泰語。

向家人表達感謝

家人是與我們最親密的人，不論我們快樂傷心，他們都會陪伴我們。一起來學習怎樣對家人表達感謝吧！

向父母表達感謝和愛意。

把話說出來，家人才會知道我們的心意。

與兄弟姊妹融洽相處。

時常幫父母按摩。

禮讓弟妹。

幫父母做家務。

認識多元化的家庭

若你細心觀察，就會發現身邊的每個家庭都不一樣。各人的家庭是什麼樣子的呢？

> 我的家庭有爸爸、媽媽、弟弟和我。

> 我的家裏只有爸爸和我兩個人。

> 我的家庭有爺爺、嫲嫲、爸爸、媽媽、叔叔、弟弟和我，是一個很龐大的家族呢。

> 我的媽媽是從菲律賓來的。

幫忙做家務

洗衣服、打掃、做飯……每天的家務真多呢,如果每位家庭成員都能分擔一部分,做家務就會變得更輕鬆、更有樂趣。

享受家庭聚會

在特別的日子裏，全家人總會相聚在一起。珍惜這些聚會吧，它們會成為生命中美好的記憶。

為孩子慶祝生日。

一對男女結為夫妻的儀式。

生日派對 | 婚禮

六十歲大壽 | 祭祖

祖父母的六十歲生日。

拜祭逝去的祖先，對他們表達思念。

生日派對

與鄰居好好相處

住在我們附近的人是我們的鄰居，我們要和鄰居和睦相處啊。

在公共場所注意禮貌

公共場所是大家都有權使用的地方，我們需要互相尊重，愛護公物。怎樣的行為才是正確的呢？

在圖書館裏保持安靜，專心地閱讀。

上完洗手間後，一定要記得沖廁。

進入公共泳池前，要先將身體沖洗乾淨。

在公共泳池內，不可以追逐嬉戲。

不可傷害公園裏的植物。

不可觸摸博物館裏的展品。

不可胡亂使用公園裏的遊樂設施。

在電影院裏，不可踢前面的座位。

只有人人都遵守公共場所的規則，
大家才能享用各種公共設施。

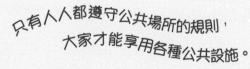

使用健身設施

平行攀架

引體上升架

很累啊。

掉下去的話，可能會被鱷魚吃掉啊。

跑跑跳跳以外的選擇

在沙地上畫畫

沙地就像一張大畫紙呢。

在樹蔭下休息

樹蔭下真涼爽啊。

晚上我可以繼續留在公園裏玩嗎？

香港有不少公園都是二十四小時開放，所以晚上你仍可以在那些公園玩耍，晚飯後和家人一起到公園散步也是很不錯的活動，不過記得一定要有大人陪同啊。

學習使用公共圖書館

公共圖書館裏藏有很多圖書，是一個知識大寶庫。你懂得使用公共圖書館嗎？跟着以下的步驟試試吧！

1 到達公共圖書館。

2 找出兒童圖書館的所在樓層。

兒童圖書館就在這裏啊！

3 前往兒童圖書館。

要放輕腳步，不要吵到別人。

兒童圖書館 →

4 檢索想閱讀的圖書。

圖書檢索

把書名輸入至電腦，確認圖書的位置。

5 如果遇到困難，可以找圖書館職員幫忙。

請問可以幫我找一本書嗎？

好的，請稍等。

6 坐在座位上安靜閱讀。

不可以在圖書館裏飲食啊。

7 如果想將圖書借回家，要先辦理借閱手續。

我想借這些圖書。

一定要在規定的日子前歸還借出的圖書啊。

8 愉快地回家！

嘩！我做到了！我會使用公共圖書館了！

任何人都可以將公共圖書館的書借回家嗎？

想借閱公共圖書館裏的圖書，我們需要先申請圖書證。你可以與爸爸媽媽一起前往圖書館申請，一張圖書證可用來借閱最多八本圖書。

李靜怡

快樂春遊

春天天氣和暖，陽光明媚，百花盛放，是適合郊遊的季節。我們一起享受春日，到大自然遊玩一番吧！

準備

放大鏡　食物

帽子　外套　野餐墊

相機

毛巾　水　圖鑑

大自然的遊戲

在沙地上玩耍。

用石頭玩層層疊。

追逐朋友的影子。

看誰先把對方手上的枝葉折斷。

用落花來做戒指。

感受植物的生命。

用落下來的枝葉來比試力量。

觀察大自然

跟隨螞蟻大軍，看看牠們要往哪裏去。

尋找蝸牛、蚯蚓的蹤影。

觀察蒲公英的種子。

利用放大鏡觀察植物。

深入研究

用相機將事物記錄下來。

把親眼見到的植物跟植物圖鑑裏的描述作對比。

杜鵑花可以食用嗎？

部分杜鵑花是可以食用的，韓國人更會把花瓣洗淨後製成甜點，不過部分杜鵑花品種有毒，因此我們最好不要胡亂採食野生植物。

夏日消暑玩樂

夏天天氣炎熱，很想吃冰涼的食物和玩水來消暑呢。一起來製造一個清涼的夏天吧！

♪ 製作清涼的夏日甜品

清甜解渴的
西瓜糖水

甜甜的水果串

冰涼消暑的
紅豆冰

可以根據個人口味，加入糖、牛奶、西米等。

把自己喜歡吃的水果串起來吧！

配上冰凍的牛奶會更加美味呢。

自製水槍

1 準備一個膠樽。

2 請大人在樽蓋上鑽一個小孔。

3 用顏色紙裝飾瓶身。

小心！

水槍遊戲

向遠處發射

將水槍噴口稍微向上，會比向前射得更遠呢。

向高處發射

用水槍噴射物品

用水槍畫畫

用水槍在沙上或者地上畫畫

水槍大戰！

嘩！

度過難忘的冬日

冬天天氣十分寒冷，有些地方還會下雪，
怎樣才能度過一個充滿暖意的冬天呢？

品嘗熱騰騰的冬日美食。

蒸包子

煨番薯

烤栗子

給親人和朋友寫聖誕卡。

幫助有需要的鄰居。

我來幫你推輪椅吧。

享受冬季運動的樂趣。

滑雪

玩雪橇

溜冰

43

栽種蔬果

　　到假日農莊親自栽種蔬菜，也是一種很不錯的學習體驗。一起來仔細觀察以下這些茁壯成長的蔬果吧。

請你來看看，田裏都
種了哪些蔬菜呢？

生菜　　　　　番茄　　　　　豆莢　　　　　青瓜

請記着這些必須摘除的雜草。

雖然部分雜草能被食用，但是如果田裏
的雜草太多，它們就會搶走蔬果的養分，
所以我們要定時清理雜草。

狗尾巴草　　　鶴頂草　　　醡漿草　　　馬齒莧　　　抓根草

觀察田裏的小動物，辨別有益生物和害蟲。

蚜蟲會吸乾植物的水分，令植物枯萎。

好味！我會吸食植物的汁液。

蚯蚓的糞便會讓土壤變得更肥沃。

經過悉心栽種和漫長等待，終於迎來收穫的時刻啦！請鼓掌！

收割蔬果

摘生菜要從最外面的菜葉開始。

握住青瓜的瓜蒂，然後用力摘下來。

看起來飽滿、凸起來的就是已經成熟的豆莢。

要待番茄變成紅彤彤的樣子才能採摘。

摘豆莢要摘外觀飽滿結實的。

種植我的盆栽

　　觀賞植物可以為我們帶來愉快的心情。你可以嘗試種植盆栽，見證奇妙的植物成長過程。

1 準備種子

我要種鳳仙花，因為鳳仙花很漂亮。

鳳仙花種子

杜鵑花種子　　向日葵種子

2 把泥土和碎石放進花盆裏

泥土

碎石

3 在泥土中挖一個小洞

挖到一根手指的深度就可以了。

4 將種子埋入洞裏

5 用泥土覆蓋種子

⑥ 給泥土澆水至完全濕潤

⑦ 為盆栽製作名牌

名字：鳳仙花

栽種日期：2023 年 12 月 13 日

澆水日：星期三、星期日

⑧ 把盆栽放在陽光照射得到的地方

植物需要充足的泥土、水分和陽光，才能茁壯成長。

⑨ 耐心等待種子發芽

終於發芽了！幼苗衝破泥土，生機勃勃地高舉雙手，就像我們一樣，每天都在成長。

鳳仙花可以用來做指甲油嗎？

可以啊！古時沒有指甲油，婦女會搗碎鳳仙花的花葉，並加入明礬（粵音凡）這種化合物，然後取適量塗抹在指甲上，數小時後就能把指甲染成紅色了。

認識花朵的名稱

花和我們一樣,都有自己的名稱,你知道以下這些花的名稱是什麼嗎?一起來認識各個季節盛放的花朵吧!

春天盛開的花

杜鵑花

蒲公英

木蓮花

迎春花

櫻花

映山紅

夏天盛開的花

月見草

鳳仙花

向日葵

木槿花

蓮花

玫瑰

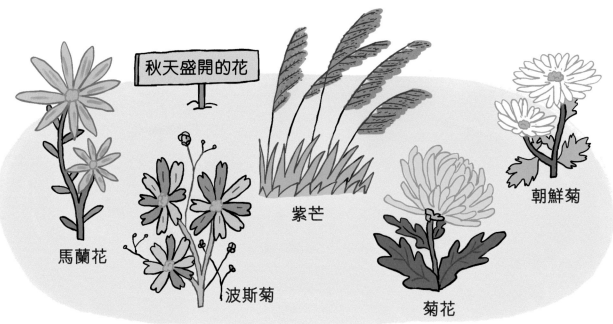

秋天盛開的花

馬蘭花

波斯菊

紫芒

菊花

朝鮮菊

冬天盛開的花

梅花

福壽草

山茶花

水仙花

寒蘭

如果我看到不認識的花,應該怎麼辦呢?

你可以先看看花的附近有沒有寫上它的名稱的牌子。如果沒有的話,你可以拍下花的照片,記下它的顏色、大小、形狀等,然後上網或翻閱植物圖鑑來查閱它的名字。

珍惜小生命

動植物篇

不論是動物還是植物，都和人類一樣擁有生命。
即使是很細小的生物，我們都應該呵護和愛惜牠們。

松果是松鼠的糧食，去郊遊的時候不要任意撿拾。

不要亂動或破壞鳥巢。

不要踩踏或折斷樹枝。

不要玩弄細小的昆蟲。

不要向鳥兒扔石頭。

公園

正確的捕蟲方法是怎樣的？

我們應該珍惜所有生命，因此如果你想捕捉昆蟲以深入觀察的話，必須十分小心，不要弄傷牠們，觀察完成後，記得將牠們放回原來的地方。

照顧寵物

寵物是家中飼養的小貓或小狗等動物，牠們就像家人一樣，每天陪在我們的身邊。

米高是我的小狗，今年兩歲。

我和家人每天都會悉心照顧米高。

有時候照顧米高會讓我感到十分疲累。

？

但是，米高真的為我們帶來了很多歡樂。

爸爸媽媽說，照顧小狗就跟照顧小嬰兒一樣。

汪！

要經常陪伴牠。

還要留意牠有沒有生病或受傷。

我們全家人都很愛護米高⋯⋯

米高！今天哥哥帶你去散步吧！

汪汪！

因為米高是我們的家庭成員之一！

在學校的安全事項

學校裏有很多學生，我們要時刻注意安全，以免傷害到別人和自己。我們需要遵守哪些安全規則呢？

在課室裏

不可坐在儲物櫃上。

不可爬到窗台上嬉戲。

不可將雜物丟出窗外。

不可前後搖晃椅子。

在樓梯上

拐彎時要留神，以免撞到別人。

一步一步踏上梯級。

保持同一方向上落樓梯。

不可將欄杆當成滑梯。

戶外學習時的安全事項

今天是進行戶外學習的日子，大家一起手挽着手，安全地到戶外學習吧！

乘坐校巴時

要扣好安全帶。

不可將身體任何部位伸出窗外。

下車前留意路面情況。

小心來往的電單車和汽車啊！

在學習場所內

要與小組成員一起活動，不要走散。

只在規定的範圍內活動。

老師說不可以去那邊的。

哦？

戶外學習結束後，要馬上前往集合地點。

進行水上活動時的安全事項

水上活動雖然十分有趣，但是也有一定的危險，因此進行水上活動時要注意以下的安全守則。

下水前先做足熱身運動。

不可在游泳池內奔跑。

滑倒了！

在沙灘上行走時，要穿上拖鞋。

被沙灘燙傷腳了！

即使很會游泳，有需要時也要穿上救生衣。

不要進入深水區。

不可離開大人的視線範圍。

戶外運動時的安全事項

　　踏單車、滾軸溜冰、滑板車等的時候，一定要加倍注意安全。我們該怎樣做來保護自己呢？

穿戴保護裝備，做足熱身運動。　　　　　　檢查器材。

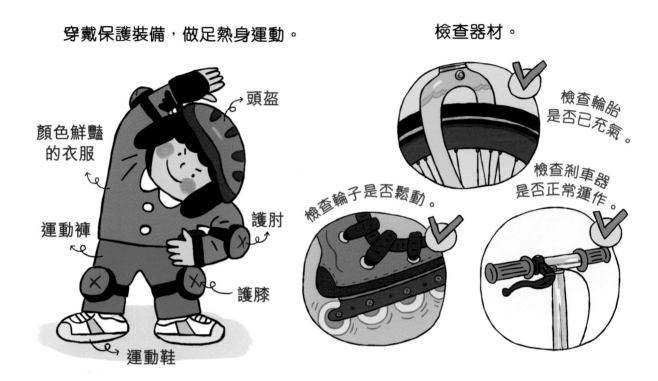

顏色鮮豔的衣服

頭盔

運動褲

護肘

護膝

運動鞋

檢查輪胎是否已充氣。

檢查輪子是否鬆動。

檢查剎車器是否正常運作。

在適當的地方踏單車。

在單車徑上踏單車會較安全。

如要過馬路，要把單車推過去。

注意飲食衞生

　　飲食對我們的身體有很大影響，因此我們要吃得健康，吃得衞生。一起來認識有益健康的飲食方法吧。

進食前要先洗手。

手上可能藏着會引起食物中毒、腸胃炎等疾病的細菌和病毒。

不要吃過量的生冷食物。

留意食物的最佳食用日期。

不要吃太鹹、太甜和太辣的食物。

不要吃過期的食物。

多吃以新鮮食材製作的食物。

交談時的禮貌

交談可以拉近人與人之間的距離，我們需要注意說話的態度和內容，才能在交談時給人留下好印象。

交談時要注視對方。

要讓對方感覺到，你在用心聽他說話。

多使用禮貌用語。

認真聆聽對方，並恰當地回應。

禮貌地問候

禮貌的問候可以令大家的心情都變好。一起來互相問候，讓心情變得輕快吧！

在學校走廊遇見老師時

向老師輕輕點頭，以示問候。

志文，你好！

你好啊！

在課室外遇見同學時

在路上遇見鄰居時

伯伯早安！

在馬路上遇見校工時

謝謝你。

如果我在洗手間裏遇見認識的人，應該怎樣打招呼呢？

在洗手間遇見的話，你可以不用大聲地問好，跟他們有眼神接觸的時候，輕輕點頭示意就可以了。

到朋友家玩耍時的禮貌

你有去過朋友家玩耍嗎？去朋友家的時候，怎樣做才算是有禮貌呢？

到朋友家前，要先得到父母的同意。

到達後，要跟朋友的爸爸媽媽問好。

不可隨便觸碰朋友家裏的物品。

不要在朋友家留得太晚。

朋友家裏沒有大人的時候，我也可以去玩嗎？

這個時候最好不要去朋友家裏玩。雖然大人不在，我們也可以玩得很開心，但是萬一發生意外的話，沒有大人在場是很危險的。

餐桌禮儀

為了營造愉快的用餐氣氛，我們必須遵守一些餐桌禮儀。
讓我們一邊享受美食，一邊學習餐桌禮儀吧！

吃飯時，不要玩手機，要和家人多交流。

利用吃飯時間，一家人聊聊天吧。

關上電視機，專心吃飯。

不要一邊咀嚼食物，一邊說話。

吃飯時要好好坐在飯桌的位置上。

不要發出咀嚼的聲音。

不要將食物翻來翻去。

吃飯時注意衞生也是一種禮貌。

為了身體健康，不要挑食。

蔬菜雖然有點苦，但是也不難吃啊。

吃飯後，要自己清理桌面。

不管食物是否符合我們的口味，那都是家人辛苦地做出來的。因此每次吃完飯後，都要感恩地説：「我吃飽了，謝謝！」

我一定要學會使用筷子嗎？

雖然你也可以用叉子和匙子吃飯，但筷子是我們的傳統餐具，如果能學會使用就最好了。你可以試試用筷子夾豌豆，多練習幾次就能純熟地使用筷子了。

新雅・成長館

當個好孩子，我做得到！兒童快樂成長40課

作　　者：文賢植
繪　　圖：漢承武
翻　　譯：何莉莉
責任編輯：陳志倩、黃偲雅
美術設計：陳雅琳、徐嘉裕
出　　版：新雅文化事業有限公司
　　　　　香港英皇道499號北角工業大廈18樓
　　　　　電話：(852) 2138 7998
　　　　　傳真：(852) 2597 4003
　　　　　網址：http://www.sunya.com.hk
　　　　　電郵：marketing@sunya.com.hk
發　　行：香港聯合書刊物流有限公司
　　　　　香港荃灣德士古道220-248號荃灣工業中心16樓
　　　　　電話：(852) 2150 2100
　　　　　傳真：(852) 2407 3062
　　　　　電郵：info@suplogistics.com.hk
印　　刷：中華商務彩色印刷有限公司
　　　　　香港新界大埔汀麗路36號
版　　次：二〇二三年十一月初版

ISBN: 978-962-08-8275-3
Original Title: *A Good Child Guide*
Written by Hyun-sick Moon
Illustrated by Seung-mu Han
Copyright © Woongjin ThinkBig Co., Ltd., 2019
All rights reserved.
This Traditional Chinese Edition was published by Sun Ya Publications (HK) Ltd. in 2023
by arrangement with Woongjin ThinkBig Co., Ltd. through Eric Yang Agency Inc.

© 2023 Sun Ya Publications (HK) Ltd.
18/F, North Point Industrial Building, 499 King's Road, Hong Kong
Published in Hong Kong SAR, China
Printed in China